CIENCIA FÍSICA

Enciende la

Luz

Cómo funciona la electricidad

Ella Newell

Rourke
Educational Media
rourkeeducationalmedia.com

www.rourkeeducationalmedia.com

PHOTO CREDITS: p. 36: Natalia Bratslavsky/istockphoto.com; p. 31: Greg Brzezinski/
istockphoto.com; p. 17: Corbis; pp. 5, 37: Chris Fairclough/CFWImages.com; p. 12: Randy
Faris/Corbis; p. 11: Stefan Hermans/istockphoto.com; p. 42: Honda; pp. 20, 22, 30:
istockphoto.com; p. 9: Dr. Dennis Kunkel/Getty Images; p. 6: Lester Lefkowitz/Getty Images;
p. 33: Mark Lewis/Getty Images; p. 16: Thomas Mounsey/istockphoto.com;
p. 7: NASA; p. 4: Charlotte Nation/Getty Images; p. 18: Nuclear Energy Institute;
p. 14, 43: Ed Parker/EASI-Images/ CFWImages.com; p. 26: Dave Peck/ istockphoto.com; p.
15: Photodisc; p. 41: PPM Energy; p. 32: Pali Rao/ istockphoto.com; p. 38: Harald Richter/
NOAA Photo Library; OAR/ERL/National Severe Storms Laboratory (NSSL);
p. 23: Steven Robertson/ istockphoto.com; p. 13: Krzysztf Rafal Siekielski/istockphoto.com;
p. 34: Daniel St. Pierre/ istockphoto.com; p. 40: Rio Tinto plc/Newscast; p. 29: Edward
Todd/ istockphoto.com; p. 39: Toyota; p. 35: Kirill Zdorov/istockphoto.com.

Cover picture shows light from a compact fluorescent lightbulb.
[Baldur Tryggvason/istockphoto.com]

Produced for Rourke Publishing by Discovery Books
Editors: Geoff Barker, Amy Bauman, Rebecca Hunter
Designer: Ian Winton
Cover designer: Keith Williams
Illustrator: Stefan Chabluk
Photo researcher: Rachel Tisdale

Editorial/Production services in Spanish
by Cambridge BrickHouse, Inc.
www.cambridgebh.com

Newell, Ella.
  Turn on the light : how electricity works / Ella Newell.
  ISBN 978-1-63155-077-5 (hard cover - Spanish)
  ISBN 978-1-62717-306-3 (soft cover - Spanish)
  ISBN 978-1-62717-520-3 (e-Book - Spanish)
  ISBN 978-1-61236-233-5 (soft cover - English)
Library of Congress Control Number: 2014941510

Also Available as:

Rourke Educational Media
Printed in the United States of America,
North Mankato, Minnesota

rourkeeducationalmedia.com

customerservice@rourkeeducationalmedia.com • PO Box 643328 Vero Beach, Florida 32964

CONTENIDO

Capítulo uno

De la planta eléctrica al bombillo

Al mover un interruptor, un bombillo se ilumina. El ordenador se ilumina cuando se enciende. ¿Sabes por qué? ¿Qué mantiene fríos a los refrigeradores? ¿Qué calienta el agua? La respuesta es la electricidad. Este libro narra el viaje increíble de la electricidad desde una gran **central eléctrica** a las luces en tu casa.

La electricidad es una forma de **energía** invisible. Con solo mover un interruptor, puedes arrancar o parar el flujo de electricidad. Parece magia. ¡Pero no! Mira a tu alrededor en tu habitación. ¿Cuántas cosas necesitan electricidad para funcionar? Recuerda contar también objetos que usan baterías.

◄ *La batería dentro de esta computadora es como un pequeño almacén de electricidad.*

¡ZAS!

Tu cuerpo también depende de la electricidad. ¿Lo contaste entre las cosas que la utilizan? ¡Tienes electricidad en tu cuerpo! Una carga eléctrica mantiene tu corazón latiendo.

▲ *La electricidad mantiene a pueblos y ciudades funcionando día y noche.*

¡Todo se relaciona con la energía!

Todos necesitan electricidad: hospitales, escuelas, empresas y centros deportivos. Todos dejarían de funcionar sin electricidad. ¿De dónde viene esta energía? La mayor parte de la electricidad que utilizamos proviene de una central eléctrica. Allí se producen enormes cantidades de electricidad, que es llevada a nuestros hogares y negocios mediante alambres y cables.

▼ *Los aparatos de rayos X, los escáneres y otros equipos de los hospitales necesitan un suministro constante de energía eléctrica para funcionar.*

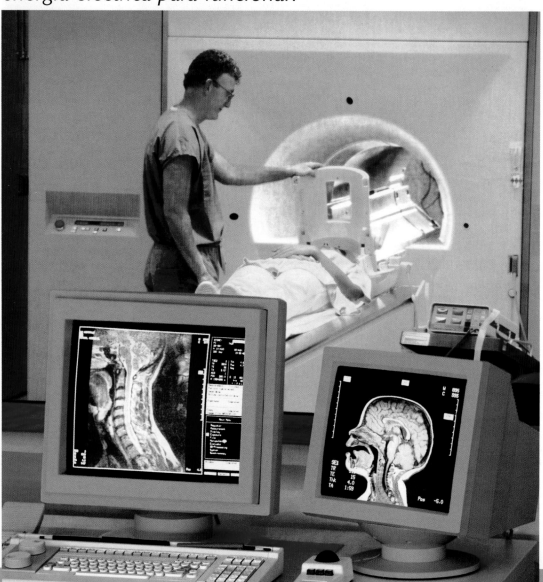

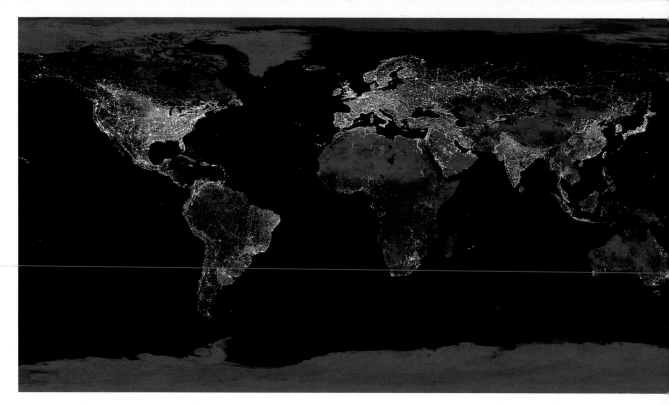

▲ *En la oscuridad de la noche observamos la Tierra iluminada en las zonas en que se está usando luz eléctrica.*

Energía

La energía hace funcionar las cosas. Hay muchos tipos de energía. Tu cuerpo usa energía para correr. El fuego usa energía térmica para cocinar los alimentos. La electricidad es una energía que puede transformarse en otros tipos de energía. Se utiliza para producir luz y calor. Esto es lo que la hace tan útil.

¡SEGURIDAD!

La electricidad puede ser peligrosa. Tal vez ya sabes que no debes tocar los enchufes o cables con las manos mojadas. Esto es porque la electricidad fluye fácilmente a través del agua. Tu cuerpo está hecho principalmente de agua. Si tocas la corriente eléctrica, te dará una sacudida. La electricidad fluye a través del agua de tu cuerpo.

Capítulo dos

Todo sobre la electricidad

La electricidad hace brillar la luz cuando mueves el interruptor. Para entender por qué, tenemos que observar los pedacitos más pequeños de la **materia**, que componen nuestro mundo.

Todo está hecho de átomos

Todo lo que nos rodea está hecho de materia. La materia se compone de pequeños **átomos**. Imagina que rasgas un trozo de papel de aluminio por la mitad. Todavía parece papel. Ahora imagina si lo rompes en miles de pedazos que solo pueden verse a través de un microscopio. Esas piezas se llaman átomos.

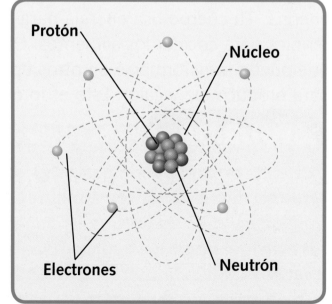

▶ *Partes fundamentales del átomo.*

Protón

Núcleo

Electrones

Neutrón

ÁTOMOS

Los átomos son tan pequeños que solo puedes verlos a través de un microscopio. ¡Hay millones de ellos en la cabeza de un alfiler!

Todo sobre los átomos

Cada átomo tiene un centro llamado núcleo. El núcleo se compone de pequeñas piezas o partículas. Estas se llaman protones y neutrones. Rodeando el núcleo hay más partículas: los electrones. Cada **electrón** tiene una carga eléctrica. Los electrones saltan de un átomo a otro para crear una **corriente eléctrica**. Para iluminar un bombillo tienen que moverse unos 6 mil millones de electrones por segundo.

La corriente eléctrica

Los electrones se mueven, o saltan, de átomo en átomo. Esto crea un flujo de carga eléctrica. Este flujo se llama corriente.

A veces se puede acumular una carga eléctrica en un solo lugar. Esto se llama **electricidad estática**. Cuando las cargas eléctricas fluyen de un lugar a otro, se le llama corriente eléctrica. La corriente eléctrica se produce en centrales eléctricas y fluye a lo largo de los alambres y cables. Esto suministra energía a los equipos electrodomésticos de tu casa.

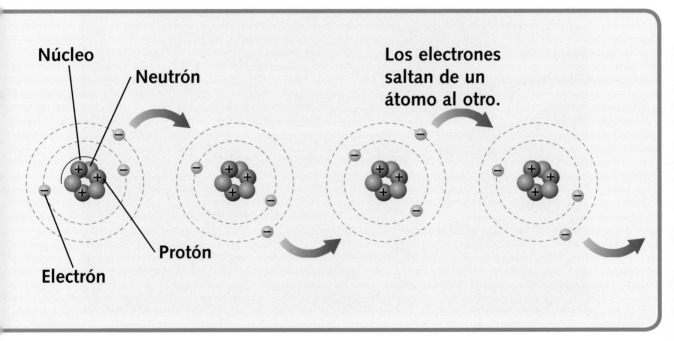

▲ *El flujo de electrones saltando de un átomo al otro crea una corriente eléctrica.*

¡Salto!

La luz, el calor, o una **reacción química** pueden hacer que los electrones se muevan de un átomo a otro. Los electrones, al saltar de un átomo al otro, crean un flujo eléctrico. La corriente fluye por una ruta circular, llamada **circuito**.

▲ *Imagina una hilera de fichas de dominó. Si la primera cae, provoca que todas caigan una después de las otras. Los electrones saltan de un átomo al otro de forma similar.*

+ y -

Un **protón** tiene una carga positiva. Esto se muestra como el símbolo +. Un electrón tiene una carga negativa. Esto se muestra como el símbolo –. Un número desigual de cargas positivas o negativas produce una carga eléctrica.

▶ *Cuando hay más electrones cargados negativamente que protones cargados positivamente, se crea una carga eléctrica.*

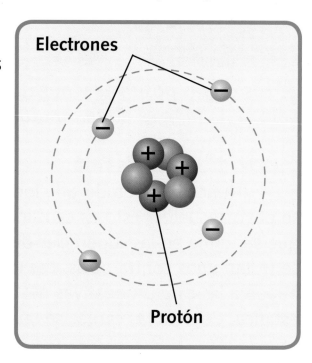

Electrones

Protón

▲ *Las cargas positivas y negativas en el globo y en el pelo de la niña se atraen mutuamente.*

Electricidad estática

¿Nunca has frotado un globo contra un suéter? ¿El globo se pegó al suéter? Esto es causado por la electricidad estática que se forma en las superficies de algunos materiales cuando se frotan unos contra otros. Las cargas positivas de un material atraen a las cargas negativas del otro. Esto produce electricidad estática. Cuando las cargas se igualan, el globo cae.

Los opuestos se atraen

Si se acercan dos objetos con partículas con carga positiva (protones), verás que las partículas tratan de alejarse unas de las otras. Los objetos con cargas opuestas (protones y electrones) se atraen. Esto es porque cargas diferentes tratan de equilibrarse. Si te peinas el cabello con un peine plástico en un día seco, el peine atrae a los electrones. Eso deja tu cabello con demasiados protones. ¡Cada pelo tratará de alejarse de los demás!

¿Cómo funciona?

Si caminas en la alfombra tus zapatos recopilarán electrones negativos. Estos se mueven alrededor de tu cuerpo buscando protones positivos. Si luego tocas la perilla de una puerta de metal, los electrones son halados hacia los protones en el metal. Mientras saltan hacia el metal, se produce una pequeña descarga eléctrica.

FOTOCOPIADORA

La electricidad estática se utiliza en las fotocopiadoras. Dentro de la máquina, las partículas cargadas positivamente atraen partículas de polvo negro. El polvo negro se utiliza para copiar la imagen.

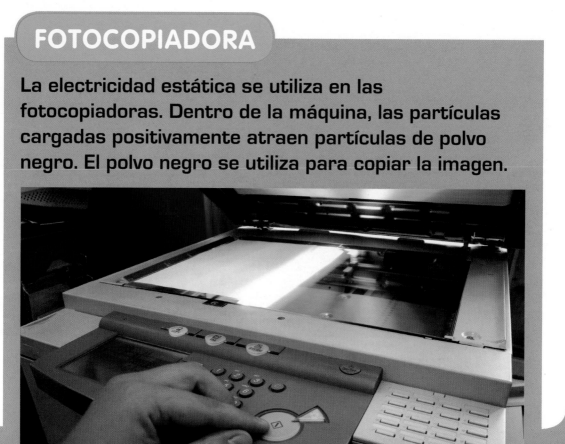

El rayo

Es un día tormentoso, el destello del relámpago que ves es una enorme descarga de electricidad. Un rayo es creado por la atracción entre cargas opuestas. Esta es la misma fuerza que genera electricidad estática. Como los electrones giran dentro de una nube o hacia el suelo, calientan el aire alrededor de ellos. Esto crea la luz que vemos en un rayo. Lo que estás viendo es el camino que siguió la electricidad.

▲ *La descarga de un rayo contiene suficiente energía para iluminar una bombilla de 100 vatios durante tres meses.*

▲ *Los rayos son atraídos por los conductores (en el edificio más alto en el centro de esta fotografía). Así evitamos que el rayo golpee a los edificios cercanos y a las personas.*

Descubrimiento

Benjamin Franklin (1706–1790) fue un inventor norteamericano. Él descubrió que un rayo era una descarga eléctrica gigante. Durante una tormenta, voló una cometa con una llave de metal en el extremo de la cuerda. Un rayo bajó por la cuerda y creó una chispa en la llave. Entonces Franklin inventó el pararrayos, que son los **conductores** de metal que sobresalen de construcciones y edificios y que llevan el rayo hasta el suelo.

ENERGÍA EN UN DESTELLO

El experimento de Benjamin Franklin con la cometa era peligroso. Nunca deberías intentarlo. El rayo siempre busca el camino más rápido hacia la Tierra. Fluirá a través de cualquier material que conduzca la electricidad. Esto incluye el cuerpo humano.

Todo sobre electricidad y magnetismo

El magnetismo es una fuerza invisible. Algunos materiales lo emiten. La fuerza magnética a veces se usa junto con la electricidad. Se utiliza para hacer los motores eléctricos. Estos proporcionan la energía para muchas de las máquinas y herramientas que usamos.

Magnetismo

Un imán atrae sustancias que contienen hierro y níquel. Cada imán tiene un polo norte y un polo sur.

◄ *Esta limadura de hierro es atraída por el imán.*

Electroimanes

Si una corriente eléctrica pasa por un alambre, esta crea un campo magnético. Enrolla un alambre en una barra de hierro. Ahora, al pasar la corriente por el alambre, el campo magnético se hace cada vez más fuerte. Esto es un electroimán. Este funciona igual a un imán, pero hay una gran diferencia. Si detienes el flujo de corriente, el campo magnético también desaparece.

Motores eléctricos

Un **motor eléctrico** utiliza un electroimán. Utiliza el **magnetismo** para convertir energía eléctrica en energía mecánica.

Esta es la energía que hace que las cosas se muevan. En el motor, un imán se coloca cerca de un electroimán. Los dos imanes interaccionan. Se crea un movimiento de tracción y empuje. Esto genera un movimiento que hace trabajar al motor.

▲ *Algunos trenes flotan sobre un campo magnético. Los electroimanes impulsan y frenan el tren.*

Capítulo tres

Produciendo electricidad

La electricidad se produce convirtiendo otras formas de energía en energía eléctrica. Esto es lo que hacen las centrales eléctricas. Allí se queman combustibles como el carbón y el petróleo. Esto impulsa máquinas llamadas generadores. Estas máquinas producen la electricidad.

▶ *Las centrales eléctricas nucleares producen mucha energía y usan pequeñas cantidades de combustible.*

Las centrales no pueden almacenar la electricidad que producen. Trabajan veinticuatro horas al día, todos los días del año. Si no lo hicieran, no habría suficiente electricidad.

De vapor a electricidad

Muchas centrales eléctricas utilizan el carbón. El carbón se quema para calentar agua y convertirla en vapor. La fuerza del vapor mueve grandes aspas de unos ventiladores. Estos están conectados a un eje que después mueve un **generador**. Además, imanes dan vueltas dentro del generador. Esto hace que los electrones salten a través de las bobinas de alambre de cobre para producir una corriente eléctrica. Para producir electricidad se pueden usar distintos combustibles. No importa qué combustible se utiliza, la electricidad producida es igual.

►*¿Qué combustibles se usaron más para producir electricidad en EE. UU. en 2005?*

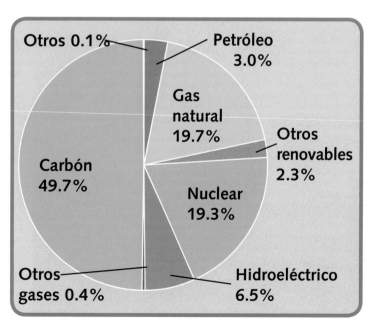

Otros 0.1%
Petróleo 3.0%
Gas natural 19.7%
Otros renovables 2.3%
Carbón 49.7%
Nuclear 19.3%
Otros gases 0.4%
Hidroeléctrico 6.5%

Transportar electricidad

La electricidad es producida y luego es enviada a donde sea necesaria. Es transportada fuera de la central eléctrica mediante alambres y cables. Estos alambres y cables llevan la energía a las casas y negocios.

La red

Los cables y los alambres que llevan electricidad atraviesan el país. Se conocen como la **red** eléctrica. Corren bajo tierra, por encima del suelo e incluso debajo de los océanos. Los cables que van por encima del suelo cuelgan de postes altos. En algunos lugares, se sustituyen los postes por torres altas.

◀ *Las torres altas, llamadas torres de alta tensión, soportan los cables eléctricos. La electricidad puede ser transportada a todo el país.*

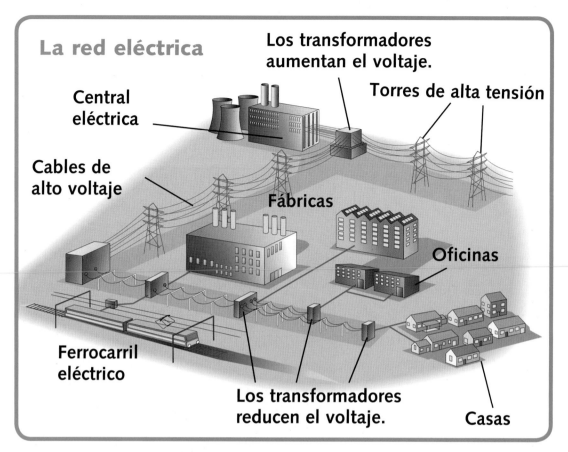

La red eléctrica

Central eléctrica

Los transformadores aumentan el voltaje.

Torres de alta tensión

Cables de alto voltaje

Fábricas

Oficinas

Ferrocarril eléctrico

Los transformadores reducen el voltaje.

Casas

▲ *Las centrales eléctricas producen la electricidad. La electricidad viaja a través de cables para proveer energía a fábricas, negocios y casas.*

Voltaje

La potencia de la electricidad que sale de la central eléctrica es muy poderosa. Se conoce como alta tensión. Esta es demasiado fuerte como para ser usada con seguridad en casas y escuelas. Así que la electricidad se detiene en una subestación. Aquí, la tensión se reduce en una máquina que se llama **transformador**. La electricidad es transportada a pueblos, villas y ciudades. Es segura de usar.

¡MUY RÁPIDA!

La electricidad se mueve a la velocidad de la luz. ¡La luz se mueve a más de 186,000 millas (300,000 kilómetros) por segundo!

De la subestación al hogar

En la subestación, la tensión se reduce. Luego, la electricidad sigue su camino. Desde aquí, la electricidad fluye a fábricas, escuelas y empresas. Antes de que la electricidad llegue a tu casa, pasa por un metro o contador. Este medidor registra cuánta electricidad se gasta en tu casa.

Segura de usar

Mira hacia afuera de tu casa o apartamento. Seguro puedes ver un poste eléctrico con una pequeña caja al lado. Este es un pequeño transformador. Reduce aún más la tensión antes de que se utilice en tu casa.

▶ *La electricidad producida en una central eléctrica viaja muchas millas en cables como estos.*

LA ELECTRICIDAD Y EL TIEMPO

Las tormentas fuertes y el tiempo helado pueden dañar los postes eléctricos. Esto puede parar el flujo de electricidad. Pero en algunos sitios, los cables son subterráneos. Esto los protege del mal tiempo y ayuda a evitar apagones.

Preparados y esperando

Un cable conecta tu casa a la red que lleva electricidad desde la central eléctrica. Los cables van por dentro de las paredes hasta los tomacorrientes. La electricidad siempre espera en los cables. Si movemos el interruptor, el circuito se cierra y la electricidad fluye. Para completar el circuito, otros cables llevan la corriente eléctrica hacia la central eléctrica.

Capítulo cuatro

Todo en un circuito

Al pulsar un interruptor, esto puede iniciar o detener el flujo de electricidad. La electricidad utilizada en los hogares fluye a lo largo de un alambre en un circuito. Un circuito es como un círculo. Si pulsas, haces girar, o mueves el interruptor, esto abre o cierra el circuito. Si hay una interrupción en el circuito, los electrones no pueden saltar de un átomo a otro. No hay energía. Cuando no hay ninguna interrupción, los electrones pueden saltar. Entonces la electricidad fluye hacia el objeto conectado al circuito.

¿Cómo hacer un circuito?

Un circuito eléctrico necesita:
- Una fuente de energía eléctrica (esto podría ser una central eléctrica o una batería)
- Un material que conduzca la electricidad (esto puede ser un alambre de cobre)
- Algo que hace el trabajo (esto podría ser un bombillo)

El circuito está conectado en un lazo o círculo. Entonces, la fuente de energía empuja a los electrones alrededor del alambre. Se enciende el bombillo y continúa en el circuito hasta que se interrumpe. Un circuito simple enciende un bombillo. Otros circuitos más complicados pueden tener varios interruptores y subcircuitos. Esto permitiría a diferentes grupos de luces ser activados o desactivados al mismo tiempo.

Circuito simple

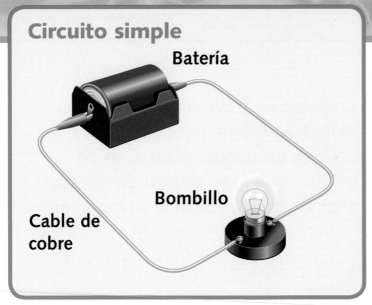

Batería

Bombillo

Cable de cobre

◀ *Este circuito simple es de un bombillo.*

Circuito en serie

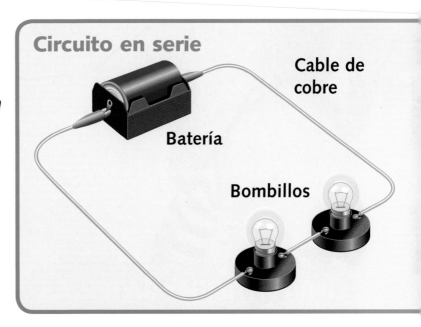

Cable de cobre

Batería

Bombillos

▶ *La electricidad en un circuito en serie tiene solamente una ruta. Proporciona energía a más de una carga eléctrica al mismo tiempo.*

Circuito en paralelo

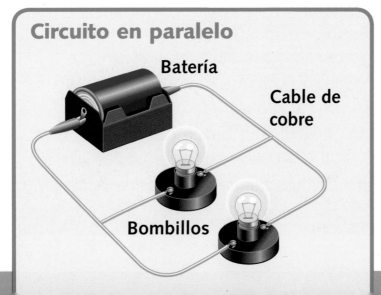

Batería

Cable de cobre

Bombillos

◀ *En un circuito en paralelo la electricidad pasa por distintos caminos para proporcionar energía a muchas cargas.*

Baterías

La electricidad es empujada a través de un circuito por una fuente de alimentación. Esta fuente puede ser una batería. Una batería es un pequeño almacén de electricidad. Además, es fácil de transportar. Piensa en las cosas que utilizan baterías. Una radio, un equipo de música y una calculadora son solo algunas de ellas.

◀ *Las baterías modernas pueden ser muy pequeñas. ¡Algunas son tan pequeñas como la punta de un lápiz!*

INVENTANDO BATERÍAS

En 1780, el científico Luigi Galvani examinó una rana muerta. La tocó con dos varillas de metal. La rana se torció y liberó una corriente eléctrica. Galvani creyó que esto fue causado porque la rana contenía electricidad. Otro científico, Alessandro Volta, no estuvo de acuerdo. En 1800, demostró que la electricidad provenía del contacto de los metales con la humedad de la rana. Volta diseñó la primera batería.

Funcionamiento de una batería

Una batería tiene sustancias químicas en su interior. La batería está conectada a un circuito. A continuación, los productos químicos dentro de la batería reaccionan. Esto empuja a un flujo de electrones dentro del circuito.

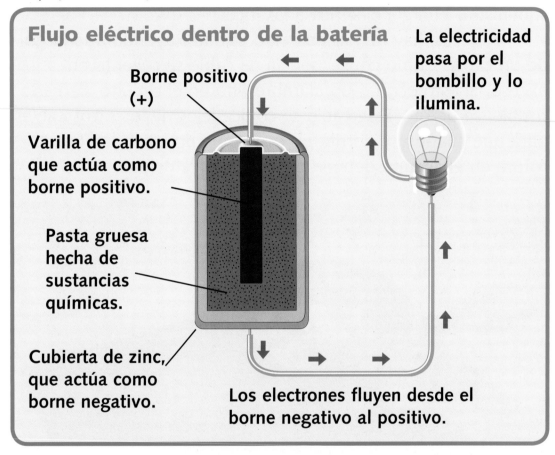

Flujo eléctrico dentro de la batería

La electricidad pasa por el bombillo y lo ilumina.

Borne positivo (+)

Varilla de carbono que actúa como borne positivo.

Pasta gruesa hecha de sustancias químicas.

Cubierta de zinc, que actúa como borne negativo.

Los electrones fluyen desde el borne negativo al positivo.

▲ *Una reacción química produce la energía eléctrica de la batería.*

¡Se acabó la batería!

Las baterías mueren cuando sus productos químicos se agotan. Estos se pueden recargar en algunas baterías conectándolas a un circuito eléctrico. Los productos químicos dentro de las baterías te pueden quemar. Cuando una batería esté muerta, dásela a un adulto, para que se deshaga de ella sin peligro.

Circuitos caseros

Varios circuitos llevan la electricidad a diferentes áreas de tu casa. Un horno utiliza mucha energía eléctrica, por lo que tiene un circuito propio. Otro circuito alimenta las salidas en que pones los enchufes. Este circuito también puede suministrar energía eléctrica a las luces.

A veces, hay demasiada electricidad fluyendo a lo largo de un cable. Como consecuencia, el cable se calienta en exceso. Si esto ocurre, un alambre fino en el circuito, llamado fusible, se derrite. Este cable se coloca lejos de los otros cables para que cuando se derrita no provoque un incendio. La rotura en el circuito detiene el flujo de electricidad.

▲ *Una cocina tiene su propio circuito en la casa porque usa mucha energía eléctrica.*

MIDIENDO LA ELECTRICIDAD

Los voltios (V) miden el voltaje de la corriente eléctrica.
Los vatios (W) miden la potencia de la electricidad.
Los amperes (A) miden la intensidad de la corriente.

Una caja de fusibles es una caja de metal encontrada en muchos hogares. Su trabajo es controlar la energía eléctrica que proviene de la central eléctrica. No es recomendable que demasiada electricidad llegue a un aparato determinado. Esto puede ser peligroso.

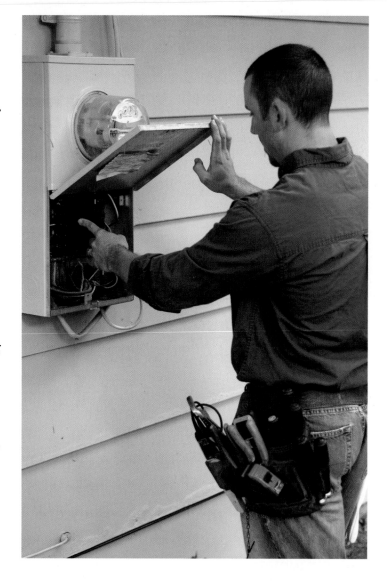

▶ *Los electricistas calificados arreglan los problemas de los circuitos eléctricos o los fusibles.*

▲ *Esta foto muestra los aislantes en una subestación.*

Conductores y aislantes

La electricidad puede fluir a través de una variedad de sustancias. Unas conducen mejor la corriente que otras. Estas se llaman sustancias conductoras. Los electrones se mueven a través de los conductores con mucha facilidad. Las sustancias como los metales y el agua son conductores buenos. Otras sustancia bloquean el flujo de la electricidad. Estas se llaman **aislantes**. Los aislantes bloquean el flujo porque sus electrones no se mueven libremente. El plástico y el cristal son aislantes.

¡Resiste!

La electricidad fluye a través de las sustancias a velocidades diferentes. Esto se llama **resistencia** eléctrica. El control de la resistencia al flujo de la corriente regula el volumen en una radio. Hacer girar la perilla de una radio aumenta o disminuye la longitud del alambre de cobre que tiene adentro. La corriente tiene que fluir más en un alambre largo y es más débil. Una corriente fuerte a lo largo de un alambre corto aumenta el volumen.

CUBIERTA ESPECIAL

Los cables se recubren de plástico. Esto mantiene a la corriente dentro de los cables.

Capítulo cinco

Usos de la electricidad

Sin electricidad, nuestra única fuente de luz sería la luz del Sol o la llama de una vela. No tendríamos agua caliente o calefacción central. La energía eléctrica es útil cuando la convertimos en calor o energía luminosa.

Mira un bombillo que no esté iluminado. Quizás puedas distinguir un alambre muy fino dentro de él. A ese alambre se le llama filamento. Los electrones tienen que presionar con fuerza para poder atravesar este alambre fino. El calor creado emite una luz brillante.

► *Este filamento tiene unos 6.5 pies (2 metros) de largo, pero solo tiene un grosor de una centésima de pulgada (0.025 cm).*

▲ *Un proceso que produce muchísimo calor es el arco eléctrico, que se utiliza para derretir metal y soldarlo.*

Muchas personas tienen calentadores y tostadoras eléctricas. Estos transforman energía eléctrica en energía térmica. Una corriente eléctrica fluye a través de los alambres y estos generan energía térmica. Los cables de la tostadora están revestidos con una sustancia que almacena y recopila calor.

UN KILOVATIO DE POTENCIA

Un kilovatio son mil vatios de electricidad. ¿Cuánta energía hay en un kilovatio? Hará funcionar el horno eléctrico durante 20 minutos. Hará funcionar la TV durante tres horas. Una bombilla de 100 vatios brillará durante 12 horas. Y un reloj eléctrico funcionará por tres meses.

Comunícate

Sin electricidad, no puedes hablar por teléfono, ni chatear en línea con un amigo. El teléfono, la internet, el correo electrónico y los teléfonos móviles utilizan electricidad. Esta increíble energía se utiliza actualmente en muchas formas de comunicación.

◀ *Desde los teléfonos móviles a la internet, la comunicación moderna depende de la electricidad.*

¡Imágenes que se mueven!

Una cámara de televisión convierte la luz y el sonido en ondas eléctricas. Nuestros televisores convierten esas ondas en señales de luz y sonido que se pueden ver en la forma de tu programa de televisión favorito.

Habla

En un teléfono, tu voz viaja a través de un micrófono en forma de ondas sonoras. Las ondas hacen presión contra una placa metálica y generan una corriente eléctrica. Esta pasa a un altavoz. La corriente entonces se convierte en vibraciones y ondas sonoras y las oímos en forma de sonidos.

La electrónica

La **electrónica** es el uso de dispositivos para controlar el movimiento de los electrones creando corrientes pequeñas.

Los **microchips**, se construyen con circuitos pequeños. Estos son utilizados en muchas máquinas tales como computadoras, lavadoras y calculadoras.

◀ *Las tarjetas de los circuitos electrónicos pueden tener varios microchips pequeños* .

En movimiento

Los autos eléctricos se han hecho más populares. No contaminan tanto el aire como los autos de combustibles fósiles.

◀ *Los autos eléctricos reducirían la contaminación en los horarios pico.*

Cómo está hecho un auto eléctrico

Un auto eléctrico tiene un motor eléctrico y baterías. Enchufas el coche cuando no estás conduciendo. Esta recarga las pilas, que almacenan la electricidad hasta que alguien conduce el coche otra vez. Entonces el motor absorbe energía de las baterías y transforma esa energía en energía mecánica. Esto mueve el auto.

SIN ELECTRICIDAD

Un día en el año 2003, hubo un apagón en partes de los Estados Unidos y Canadá. Esto significa que no tenían electricidad. Fue uno de los días más calurosos del año. Más de 50 millones de personas estaban sin luz. No tenían aire acondicionado. Muchas empresas no pudieron abrir. El metro no funcionaba. Todo se paró.

▲ *Un tranvía funciona como parte de un circuito eléctrico. La electricidad fluye desde los cables que pasan por arriba a los postes y hasta los comandos del chofer. La electricidad fluye por el motor y hasta la línea del tranvía.*

Capítulo seis

La electricidad y tu mundo

Las temperaturas están subiendo en el mundo. Los glaciares se están derritiendo. Y cada día hay más condiciones del tiempo extremas, como huracanes e inundaciones, afectando a la Tierra. Esto es debido al **calentamiento global**. La contaminación es una de sus causas. La electricidad no contamina, pero sí algunos de los combustibles que usamos para producirla.

▲ *Condiciones meteorológicas severas como los huracanes y tornados parecen ocurrir con más frecuencia en los últimos años. Muchos expertos y científicos culpan al calentamiento global.*

▲ *El Toyota Prius es el primer auto híbrido (que significa "mezcla") producido a gran escala. Puede cambiar de combustible sobre la marcha, de gasolina a electricidad.*

Ahorrando energía

Debemos reducir la cantidad de electricidad que usamos. Esto reducirá la **contaminación.** La electricidad no contamina pero sí contamina la quema de combustibles necesaria para producirla.

Una celda de combustible usa los gases oxígeno e hidrógeno y transforma la energía de estos gases en electricidad. ¡El único desecho es agua! ¿Pudiera esto tomar el lugar de las baterías? Para producir baterías regulares se necesita mucha energía.

HACIENDO UN CAMBIO

Solo el 10 por ciento de la energía consumida por un bombillo se usa para producir luz. El resto se cede como calor. Las luces compactas fluorescentes (CFLs) usan un cuarto de la energía usada por bombillos regulares. También duran ocho veces más. Imagínate que cada casa cambiara un bombillo regular por un CFL. ¡Esto ahorraría tanta electricidad como para iluminar la ciudad de Sacramento, en California, por casi dos años!

▲ *Los combustible como el carbón no son renovables.*

¿Energía limpia?

Parte de la energía es producida usando recursos que no se acaban, como el viento, el Sol y el movimiento de las olas. A esto se le llama energía renovable y produce electricidad renovable. De esta manera podemos ahorrar combustibles fósiles y reducir la contaminación.

El carbón, el gas natural y el petróleo son llamados combustibles fósiles. Se formaron en la Tierra durante millones de años. Sin embargo, estamos gastándolos muy rápido. Un día se acabarán. Estos combustibles se llaman no renovables.

ENERGÍA NUCLEAR

La electricidad puede producirse con combustible nuclear. Como el uranio. La electricidad producida de esta forma causa muy poca contaminación. Sin embargo, esta sustancia puede ser muy peligrosa. Puede usarse para hacer armas nucleares. Tampoco existe una manera segura de manejar sus desechos.

Desde la basura hasta las olas, los combustibles renovables pueden generar electricidad sin crear mucha contaminación. El calor del Sol calienta espejos. Este calor transforma el agua en vapor. El vapor mueve un generador que produce electricidad.

La biomasa es otro recurso renovable que se puede usar para producir electricidad. La biomasa es el nombre que damos a cosas como restos de madera y basura. Al quemarse, este material produce calor y vapor. Estos hacen girar **turbinas** gigantes y crean electricidad.

▼ *Se está haciendo muy común usar el poder del viento para generar electricidad.*

El futuro

Para proteger al planeta debemos ahorrar nuestros recursos. Esto incluye la electricidad y los recursos conque se produce. Al mismo tiempo, los científicos descubren nuevas formas de usar la electricidad. Algunos de estos usos son extraordinarios.

Los científicos están desarrollando aparatos cada vez más pequeños, usando la nanotecnología. Se pueden poner aparatitos pequeños en tu ropa para que puedas disfrutar de tu música preferida. Puedes bajar información a una pantalla tan delgada como la superficie del agua, usando "tinta electrónica". Imágenes formadas por pequeñas bolitas blancas y negras, cargadas, flotan hacia arriba y hacia abajo en un líquido.

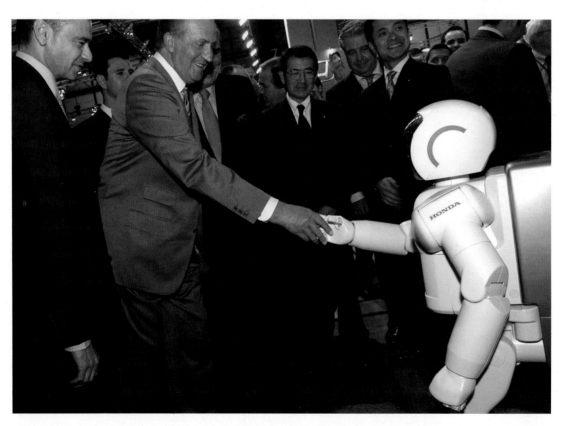

▲ *Los robots se están haciendo más populares. En Japón, hay una nueva generación de robots, usados en labores de oficina y para limpiar las casas.*

¿RECURSOS PARA TODOS?

En los Estados Unidos vive menos del 5 por ciento de la población mundial. Pero el país usa un cuarto de los recursos energéticos del mundo. Muchas personas que viven en países más pobres no tienen acceso a la electricidad. Caminan millas para llegar a las escuelas y estudian a la luz de las velas. Además, son las personas más afectadas por las condiciones severas del tiempo causadas por la contaminación.

Glosario

aislante — sustancia que no conduce la electricidad

átomo — partícula más pequeña de la materia

calentamiento global — calentamiento gradual del clima terrestre

central eléctrica — fábrica donde se produce electricidad

circuito — lazo o círculo ininterrumpido por donde fluye la electricidad

conductor — sustancia que conduce la electricidad

contaminación — ensuciar la tierra, el aire o el agua

corriente eléctrica — flujo de cargas eléctricas

electricidad estática — ocurre en las superficies de las sustancias cuando hay un desbalance de cargas eléctricas

electrón — partícula dentro del átomo que tiene carga negativa

electrónica — control del flujo de electrones para crear microcorrientes

energía — habilidad de hacer trabajo

generador — máquina que convierte energía mecánica en eléctrica

magnetismo — fuerza invisible en sustancias que pueden atraer o repeler otras

materia — sustancia de la que están hechas todas las cosas, está compuesta por átomos y moléculas

microchip — pieza muy pequeña de silicona con circuitos impresos

motor eléctrico — motor que transforma la electricidad en movimiento

neutrón — partícula del átomo, no tiene carga eléctrica

protón — partícula dentro del átomo, tiene carga positiva

reacción química — cuando los átomos se reorganizan para formar moléculas de sustancias nuevas

red — red de cables y alambres que llevan electricidad a todo el país

resistencia — manera en que un circuito se resiste al paso de la corriente eléctrica

transformador — dispositivo para reducir la potencia y el voltaje de la corriente eléctrica

turbina — motor movido por agua, vapor o gas, cuando pasan por las aspas de una rueda y la hacen girar

vatio — medida de la potencia de la corriente eléctrica

voltaje — medida del empuje de la corriente eléctrica

Más información

Libros

Electricity. Steve Parker and Laura Buller. DK Publishing, 2005.

Electricity and Magnetism. Gerard Cheshire. Smart Apple Media, 2006.

Electricity and the Lightbulb. James Lincoln Collier. Benchmark Books, 2005.

Shocking World of Electricity with Max Axiom, Super Scientist. Liam O' Donnell. Capstone Press, 2005.

Sitios de la internet

www.eia.doe.gov/kids/energyfacts/sources/electricity.html
Energy Information Administration
This site has a section for kids, which has information on electricity. It also has activity and puzzle pages.

www.southerncompany.com/learningpower/home.asp?mnuOpco=soco&mnuType=lp&mnuItem=oc
Southern Company
This site gives you the history of electricity, and looks at today's power plants.

www.pge.com/microsite/PGE_dgz/body/concepts.html
Pacific Gas and Electric Company
This site shows simply how electricity occurs, along with other electricity facts.

www.sciencemadesimple.com/static.html
Science Made Simple
This site explains static electricity in detail.

www.andythelwelwell.com/blobz/
A guide to electrical circuits.

Índice